Teresa-Maria Sura

So schmeckt Rohkost!
Grüne Smoothies

Schirner
Verlag

Abbildungen:

Bilder von www.fotolia.de
S. 5: #7599940; S. 12: #23907791; S. 17: #23804055; S. 24: #21462515; S. 27: #788636; S. 29: #14051672;
S. 30: #14051672, #22223192; S. 31: #11705923; S. 32: #11060008, #4664375; S. 34: #17353349; S. 35:
#9502345; S. 36: #14051672; S. 39: #26568650, #1914766, #6521620; S. 40: #13519218; S. 41: #25609744,
#16541045; S. 45: #5402030; S. 47: #4664375, #23997784; S. 48: #7551728, #19255339, #6980576, #905802;
S. 49: 25651167; S. 52/53: #7552407, #25651167, #2171590; S. 54/55: #8795744, #6980576, #25488077;
S. 56/57: #4664375, #21536477, #9344591, #3043748; S. 58/59: #5048392, #7552407, #5731149; S. 60/61:
#19237637, #11401513, #3795389; S. 62/63: #22223192, #16524227, #6046706; S. 64/65: #7727673,
#5048392, #23476893; S. 66/67: #21422191, #5048392, #22354416, #28097893; S. 68/69: #19141668,
#21422191, #25609744, #20005754; S. 70/71: #17071982, #19235339, #25488077, #50483, #4281096,
#4281091; S. 72/73: #11660008, #22223192, #5048392; S. 74/75: #27363403, #22844436, #11060008,
#7551728; S76/77: #21536477, #22098899, #14051672; S. 78/79: #14051672, #14051672; S. 80/81:
#14683529, #14051672; S82/83: #12234084, #11726615, #5048392; S. 82/83: #12234084, #11726615,
#5048392; S. 84/85: #5025784, #12423656, #11705923, #22950686; S. 86/87: #13169403, #6046706,
#25651167, #23463551; S. 88/89: #9344591, #24382713; S. 90/91: #1914766, #2171624; S. 92/93: #3326329,
#4664375, #5048392, #11743543; S. 94/95: #8828996, #7830249, #6521620, #22160012

Alle weiteren Fotos stammen von der Autorin.

»Grüne Smoothies« ist eine eingetragene Wortmarke des Hans Nietsch Verlags.

ISBN 978-3-8434-5070-6
(vormals 978-3-8434-5028-7)

Teresa-Maria Sura:
So schmeckt Rohkost!
Grüne Smoothies
© 2011 Schirner Verlag,
Darmstadt

Umschlag: Murat Karaçay, Schirner
Satz: Simone Wenzel, Schirner
Redaktion: Bastian Rittinghaus, Schirner
            Rudolf Garski, Schirner
Printed by: ren medien, Filderstadt, Germany

www.schirner.com

5. Auflage September 2013,
versehen mit neuem Titel und neuer ISBN

Inhalt

Die Rezepte

Vorwort

Als ich im Frühsommer 2008 meinen ersten Grünen Smoothie bei einem Freund in Wien zu trinken bekam, wusste mein Körper sofort, dass er auf diesen leckeren Powerdrink für den Rest seines Lebens nicht mehr verzichten wollte. Ich kann daher nur warnen: Grüne Smoothies machen extrem süchtig!

Teresa-Maria Sura ist auch eine bekennende Süchtige. Süchtig nach Natur pur, nach Gesundheit, Glück und Lebensfreude. Sie weiß, dass wir nur dann wirklich genährt sind, wenn nicht nur unser Körper satt ist, sondern auch unser Geist und unsere Seele nicht zu kurz kommen.

Teresas Buch ist ein hervorragender Crashkurs, der Sie mit dem Wichtigsten über die Grünen Smoothies vertraut macht. Streichen Sie sich den Tag grün an, an dem Sie Ihren ersten Grünen Smoothie gemacht haben, damit Sie sich später (viel später, denn Grüne-Smoothies-Trinker werden alt) zurücker- innern können, wann Ihr Leben in eine neue Dimension des Wohlbefindens katapultiert wurde.

Ich wünsche Ihnen viel Spaß auf Ihrer Reise ins leuchtend grüne Land der unbegrenzten Smoothie-Möglichkeiten!

Burkhard Hickisch
www.GrüneSmoothies.de

Smoothies –
ein Geschenk des Himmels!

Seit Jahren werde ich nahezu magisch von der Rohkosternährung und ihrer Zubereitung angezogen.

Mit einer wachsenden Leidenschaft habe ich mir im Laufe der Zeit reichlich Literatur zu diesem Thema angeschafft, viel gelesen und ebenso viel ausprobiert. Häufig stolperte ich dabei auch über »grüne Suppen« oder Smoothies, die Grünes enthielten. Klang interessant, so richtig geklickt hatte es jedoch nie bei mir.

Vor etwas mehr als einem Jahr bekam ich dann ein Buch über Grüne Smoothies von Victoria Boutenko in die Hände und lernte sie auch kurz persönlich auf der Bio-Fachmesse in Nürnberg kennen. Sie hat den Begriff »Grüne Smoothies« geprägt und bekannt gemacht.

Inspiriert durch ihr leidenschaftlich geschriebenes Buch, habe ich selbst angefangen, mit diesen erstaunlichen grünen Getränken zu experimentieren. Bei mir wurden mit diesem Thema regelrecht offene Türen eingerannt.

Für mich sind die Grünen Smoothies, so sage ich oft schmunzelnd, rohköstliches »Fast Food« auf dem höchsten denkbaren Niveau.

Seit fast einem Jahr bereite ich nahezu täglich grüne Smoothies zu, und sie sind aus unserer täglichen Ernährung nicht mehr wegzudenken. Mein Mann und ich lieben sie! Warum?

Boutenko, Victoria: Grüne Smoothies. Emmendingen 2010

Sie schmecken nicht nur ausgesprochen lecker, sie sind auch immer wieder anders, und somit wird viel köstliche Abwechslung geboten. Die Grünen Smoothies versorgen den Organismus auf äußerst effektive Weise mit kostbaren und hochwirksamen Inhaltsstoffen, die die Gesundheit, die Vitalität und damit die Lebensfreude steigern.

Was ist nun ein Smoothie genau, was macht ihn so besonders, und wie setzt er sich zusammen?

Ein Smoothie ist ein aus verschiedenen frischen Zutaten zusammengesetztes, fein püriertes Getränk. Der wesentlichste Bestandteil sind grüne Blätter von unterschiedlichsten Salatsorten und Kohlsorten sowie Radieschenblätter, Karottengrün, grüne Kräuter, Wildpflanzen und so weiter.

Das feine Pürieren der grünen Blätter samt Stielen in einem sogenannten Blender oder Standmixer bewirkt, dass unser Organismus die Nahrung optimal aufnehmen und verdauen kann. Sie erreicht unser Verdauungssystem in einer Konsistenz, als wären sie schon ausgiebig vorgekaut und vorverdaut. Gerade bei gröberem Grüngemüse wie beispielsweise dem Grünkohl würde es ein unglaublich langwieriges und intensives Kauen erfordern, die eher harten Blätter oder die noch viel härteren Stiele in nennenswerter Menge im Mund so zu zerkleinern, dass sie den Magen-Darm-Trakt in verdaulicher Form erreichen und die wertvollen Inhaltsstoffe von unserem Verdauungssystem absorbiert werden könnten.

Wir alle wissen, dass wir jeden Bissen lange kauen sollten ... Doch die Realität ist: Das macht und kann heutzutage kaum jemand, in unserer hektischen, schnelllebigen Zeit weniger denn je. Deshalb werden so wundervolle, kraftvolle Grüngemüse wie Grünkohl von der Mehrheit der Menschen regelrecht totgekocht, um sie einigermaßen essbar und verdaulich zu machen. Oder diese Nahrungsmittel erscheinen erst gar nicht auf unserem Speiseplan. Das kostbare Grün der Kohlrabi zum Beispiel wird direkt im Geschäft gelassen oder daheim auf den Kompost oder in den Müll geworfen.

Das feine Zerkleinern des Grüns durch einen leistungsstarken Blender, einen Mixer, der sekundenschnell pürieren kann, ohne dass er das Püree so stark erhitzt, dass dies die Inhaltsstoffe schädigt, ist die perfekte Lösung.

Wenn wir dieses grüne Kraftgetränk zu uns nehmen und es noch eine Weile im Mund bewegen, quasi »kauen«, dann fängt schon dort der wertvolle und wichtige Verdauungsprozess an.

Weil das Grüne selbst in der Regel zu herb, zu bitter oder teilweise eher geschmacklos ist, kombiniert man es beispielsweise mit Obst oder Gewürzen und fügt ihm vielleicht noch wertvollen Honig zu. Diese hochwirksamen Zusätze machen den Smoothie nicht nur gefälliger, er wird durch sie auch noch nahrhafter.

Bei den Grünen Smoothies komme ich jedes Mal ins Schwärmen, weil ich es einfach nur genial finde, wie perfekt sich dieses äußerst vitalstoffreiche Getränk sogar in einem stressigen Alltag selbst zubereiten lässt. Ja, wenn man den Dreh, oder besser den »Mix«, einmal heraus hat, dann ist man begeistert, wie schnell es sich herstellen lässt und wie angenehm es zu trinken ist. Man kann seine Smoothies ganz einfach mit zur Arbeit oder auf längere Autofahrten nehmen. Meine Erfahrung ist, dass ein Grüner Smoothie sich sogar bis zu 3 Tage sehr gut hält und schmackhaft bleibt, sofern man ihn gut gekühlt und verschlossen aufbewahrt.

Mit ein wenig Planung kann man auch in stressigen Zeiten seinen Smoothie trinken. Ich bereite oft eine Portion für zwei bis drei Tage vor, wenn ich weiß, dass ich viele Termine habe. Das lässt sich super organisieren, und es beschwingt, wenn man weiß, dass ein Glas von diesem flüssigen »grünen Gold« im Kühlschrank wartet.

In ruhigeren Zeiten bereite ich den Smoothie für den nächsten Tag häufig abends zu, weil ich morgens nicht so viel Muße dafür habe. Hat man jedoch die Lust und die Zeit, dann ist ohne Zweifel der unmittelbar frisch zubereitete Smoothie das Beste. Für mich ist der Grüne Smoothie das perfekte Wellness-Getränk. Er schmeckt, schenkt blitzschnell Energie und tut einfach gut.

Jeder Smoothie ist aufgrund seines hohen Chlorophyll-Gehaltes vor allem auch ein Getränk voller Licht- und Lebensenergie, denn dieser Stoff ist praktisch von der Pflanze umgewandeltes Sonnenlicht. Daneben enthält Grünes zahlreiche weitere wertvolle Inhaltsstoffe.

Es bietet mehr Vitamin C als die meisten Zitrusfrüchte, sein Vitamin-E-Gehalt ist dem von Getreide überlegen. Zudem enthält es wichtige Aminosäuren. Kühe beispielsweise decken ihren Proteinbedarf gänzlich aus dem Grün, das sie auf der Weide fressen und ausgiebig kauen. Grüne Blätter wirken basisch auf den Körper, weil sie unter anderem viele wertvolle Mineralstoffe wie Kalzium, Magnesium und Eisen enthalten. Wir haben bereits in der Schule gelernt, dass Chlorophyll der Lebenssaft der Pflanzen ist und somit von der Bedeutung der von Blut für Mensch und Tier vergleichbar. Chlorophyll ähnelt chemisch in der Tat stark dem Hämoglobin des menschlichen Blutes, unserem wichtigen Blutfarbstoff. Das Chlorophyll und der Prozess der Fotosynthese sind wirklich ein Wunder der Natur. Zweifelsohne ist dieser Prozess die Voraussetzung für das Leben auf der Erde. Die Pflanzen geben über den Sonnenlichtspeicher Chlorophyll die Sonnenenergie an uns weiter. Das menschliche Blut basiert auf Eisen, das Chlorophyll auf Magnesium. Magnesium wirkt sich auf unseren Körper basisch aus und wirkt so einer Übersäuerung entgegen. Das ist für unsere Gesundheit heutzutage entscheidender denn je. Unser Körper übersäuert nicht nur durch unausgewogene Nahrungsaufnahme, sondern vor allem auch durch Stress. Umso wichtiger und sinnvoller ist es, dem über die Ernährung entgegenzuwirken. Hierfür eignen sich die Grünen Smoothies hervorragend. Um ausreichend Grünes über die Nahrung zu uns zu nehmen, müssten wir Unmengen von Blättern ausgiebig zerkauen, denn die Zellwände vom Grün lassen sich nicht ohne Weiteres aufschließen. Genau das erreichen wir jedoch durch das Pürieren der Pflanzen. Die widerstandsfähigen Zellwände werden aufgebrochen, und das Grüne wird optimal für unsere Verdauung vorbereitet.

Menschen, die längere Zeit regelmäßig reichlich Grünes, zum Beispiel in Form von Grünen Smoothies, zu sich nehmen, berichten alle von sehr ähnlichen Effekten: Das Wohlbefinden nimmt zu, Vitalität und Stimmung steigen deutlich an, das Denk- und das Konzentrationsvermögen sind enorm geschärft. Viele stellen erfreut eine stetige Gewichtsabnahme fest. Ein regelrechter Verjüngungsprozess setzt ein. Dies zeigt sich nicht nur in Form einer neuen Vitalität, sondern auch an einem deutlich verbesserten Hautbild, kräftigeren Haaren und festen Fingernägeln. Menschen, die sexuell »müde« waren, verspüren häufig neue Lust. Viele Menschen berichten auch davon, dass verschiedenste Beschwerden wie Allergien, regelmäßige Kopfschmerzen, Müdigkeit usw. sich auflösen. In der Summe kann man also sagen, dass die Lebensqualität sich deutlich verbessert.

Man kann feststellen, dass, je besser und regelmäßiger unser Körper mit wichtigen Nährstoffen wie Chlorophyll, Eisen, Magnesium, Eiweiß, Vitaminen und vor allem Sauerstoff versorgt wird, desto optimaler er den roten Blutfarbstoff Hämoglobin bilden kann. Und der ist die Voraussetzung dafür, dass unser gesamtes Körpersystem, jede Zelle und vor allem auch das Gehirn ausreichend mit Sauerstoff und Energie versorgt werden.

Um dies zu gewährleisten, empfiehlt sich tägliche Bewegung an der frischen Luft, möglichst in der Sonne, optimal ergänzt durch die Ernährung mit Grünen Smoothies.

Voraussetzung ist eine sehr sorgfältige, kritische und kompromisslose Auswahl der zu verwendenden Zutaten. Näheres dazu erfahren Sie später, wenn es um die Zutaten und deren Qualität geht.

Was man über die Wirkung von Smoothies wissen sollte

Nachdem ich nun ungebremst meine Begeisterung für Grüne Smoothies kundgetan habe, ist es mir ebenso wichtig, auf die notwendige Sorgfalt und Achtsamkeit bei der Zubereitung und beim Trinken von Smoothies hinzuweisen.

Zum einen sollte man bei der Auswahl der Zutaten keinerlei Kompromisse eingehen und immer wirklich nur das Beste, das Frischeste und das Reinste verwenden. Doch darauf komme ich später noch zurück.

An dieser Stelle möchte ich erst einmal auf das Thema der möglichen Wirkung von Grünen Smoothies auf den menschlichen Organismus eingehen.

Wenn Menschen beginnen, Grüne Smoothies zu trinken, kann die Wirkung dieser hochwirksamen Kraft- und Energiegetränke sehr unterschiedlich sein.

Es gibt Menschen, die trinken ihre ersten Grünen Smoothies, und es geht ihnen sofort blendend. Sie haben mehr Energie als jemals zuvor, erleben eine wertvolle Bereicherung und spüren direkt, wie gut es ihrem Körper und ihrer Gesundheit tut. Die Smoothies lassen sich einfach und freudvoll in ihren Alltag und ihre bisherige Ernährung integrieren.

Manchmal jedoch, so war es auch bei mir, kann das Trinken der Grünen Smoothies erst einmal eine, mitunter sogar recht intensive, Entgiftungsreaktion hervorrufen. Ich persönlich rate jedem Menschen, der gesundheitlich nicht auf der Höhe ist, bzw. Probleme mit Verdauung, Stoffwechsel oder Entgiftung hat, die Nahrungsumstellung wachsam anzugehen.

Sie kann statt Wohlbefinden sogar erst einmal unangenehme und durchaus auch belastende Reinigungsprozesse hervorrufen, beispielsweise eine vorübergehende Mehrbelastung von Leber, Galle oder Nieren.

Gerade wenn man in starken Stressphasen ist, in denen der Stoffwechsel, häufig auch die Verdauung, ohnehin belastet ist, sollte man sehr achtsam und sacht an die Sache herangehen.

Machen Sie sich einfach bewusst, dass in dem Moment, in dem solch ein kraftvolles Getränk wie ein Grüner Smoothie in unseren Organismus fließt, der Stoffwechsel und somit natürlich die Selbstreinigungsfunktion des Körpers massiv angekurbelt wird. Das ist grundsätzlich eine wünschenswerte und absolut positive Wirkung. Dennoch kann dieser Prozess in einzelnen Fällen zu intensiv sein. Gerade bei Menschen, die schon länger keine Entschlackungskur mehr gemacht haben (vielleicht sogar noch nie zuvor), deren Alltag von viel Stress geprägt ist oder deren Ernährung bisher nicht sehr ausgewogen war, kann es zumindest zu Beginn zu ungewohnt intensiven Umstellungsreaktionen kommen.

Symptome wie Übelkeit, Müdigkeit und Kopfschmerzen können kurzfristig auftreten. Dies kennen Sie vielleicht vom Fasten und ähnlichen Kuren. Vorübergehend kann es sogar zu Gelenkschmerzen kommen, weil sehr viele Schlacken aufgewirbelt und in den Körper geschwemmt werden. Geduld und ein liebevoller, wacher Umgang mit dem eigenen Körper sind immer eine weise Einstellung bei Veränderungen. Letztendlich wollen wir ja, dass es uns durch den Smoothie besser geht. Dieser Prozess darf und soll sogar sanft sein. Einen belasteten und gestressten Körper muss man nicht noch mehr plagen.

Falls es bei Ihnen zu anfänglichem Unwohlsein gekommen ist, lohnt es sich wirklich, nicht gleich aufzugeben, sondern unbedingt dranzubleiben.

Im Zweifelsfall rate ich Ihnen, zu einem für ganzheitliche Heilweisen offenen Arzt oder Heilpraktiker Ihres Vertrauens zu gehen, um Ihre Belastbarkeit zu klären. Lassen Sie sich beraten, wie Sie einen eventuellen Reinigungsprozess optimal unterstützen und positiv nutzen können.

Bei Leuten, die schon öfter Entgiftungskuren gemacht haben, die sich vollwertig und vernünftig ernähren und ein relativ ausgewogenes Leben führen, sollte es in der Regel zu keinen starken Reaktionen kommen. Es kann durchaus sein, dass in den ersten Tagen Müdigkeit auftritt, weil die Organe stärker gefordert werden. Doch dies legt sich meistens sehr schnell und wird durch einen rapiden Anstieg von Wohlbefinden und Vitalität vielfach belohnt.

Soweit es mir bekannt ist, sind solch intensive Reaktionen eher selten, und es gibt zahlreiche Berichte von Menschen,

für die eine Integration der Grünen Smoothies in den täglichen Speiseplan ganz einfach war.

Generell bin ich der Ansicht, dass es hilfreich ist, wenn man
insbesondere in der Anfangsphase die Smoothies nicht zu
kompakt macht, also nicht zu viele Wirkstoffe auf einmal
hineinpackt. Vorsicht ist beispielsweise mit Wildkräutern wie
Brennnesseln oder Löwenzahn geboten. Diese haben eine
stark reinigende Wirkung. Deshalb sollte man von diesen
Kräutern am Anfang eher nur wenige Blätter verwenden. Für
Anfänger empfiehlt es sich auch, die Smoothies mit reichlich
Wasser zuzubereiten und die Intensität erst nach und nach,
dem eigenen Befinden entsprechend, zu steigern.

Ebenso ist es ratsam, zusätzlich ausreichend Wasser zu trinken. Und da gilt: Trinken Sie nicht viel auf einmal, aber trinken
Sie häufig, und achten Sie auf gute Wasserqualität.

Da ich, wenn ich erst einmal so richtig in meine Arbeit
vertieft bin, meistens alles um mich herum vergesse, leider
auch, Wasser zu trinken, habe ich mir eine kleine Hilfe
geschaffen: Ich stelle eine Zeitschaltuhr auf 60 Minuten, und
jedes Mal, wenn sie klingelt, trinke ich ein Glas Wasser oder
Tee und stelle die Uhr erneut. Das klappt wunderbar, und ich
kann es immer wieder kaum fassen, wie rasch eine Stunde
vorbei ist.

Eine sehr hilfreiche Möglichkeit zum Binden von freigesetzten
Schlacken und Giften im Körper ist es, über einen bestimm-
ten Zeitraum hinweg, besonders während einer intensiveren

Entgiftungsphase, Heilerde zu sich zu nehmen, z. B. Luvos Heilerdekapseln ultrafein.
Die Heilerde hat die Fähigkeit, Cholesterin,
Fette und Schadstoffe wie ein Schwamm
aufzusaugen. Allerdings sollte man sich im
Zweifelsfall auch hierbei mit seinem Arzt
oder Heilpraktiker beraten. Für Menschen
mit Störungen der Nierenfunktion ist Heilerde
eher ungeeignet.

Eine höchst interessante Erfahrung, die ich nach einiger Zeit,
in der ich Grüne Smoothies getrunken hatte, gemacht habe,
ist, dass ich noch größere Lust auf Rohkost bekam. Ich hatte
mehr denn je Appetit auf einen großen bunten Salat, was
mich erstaunte, dachte ich doch, durch diese große Menge
komprimierter Rohkost müsste mein Körper genug haben.
Es schien aber vielmehr so, als ob mein Körper erst so richtig
auf den Geschmack gekommen wäre, als hätte er plötzlich
gemerkt, was ihm wirklich guttut.
Wenn Sie ein, zwei oder sogar mehr Smoothies am Tag trinken, kann es sein, dass Sie weniger Durst oder Bedürfnis nach
Wasser haben. Das ist ganz natürlich, wenn man bedenkt,
dass der Smoothie hauptsächlich aus Wasser besteht, weil die
meisten Pflanzen zum Großteil aus Wasser bestehen. Das wird
einem so richtig bewusst, wenn man einmal sieht, wie klein
ein Salatblatt wird, wenn man es vertrocknen lässt.

Welche Ausstattung benötigt man zur Herstellung der Grünen Smoothies?

- ❖ ein gutes, großes Schneidebrett
- ❖ gute Messer, ein kleines und ein größeres
- ❖ einen Sparschäler, auch Spargelschäler genannt
- ❖ einen leistungsstarken Standmixer oder Pürierstab
- ❖ einen Silikonschaber

Wichtig ist ein schönes großes Brett zum Vorbereiten der Zutaten. Ich liebe es, auf einem Bambusbrett zu arbeiten. Darauf können die Zutaten, nachdem sie gewaschen wurden, grob zerkleinert werden. Je leistungsstärker das Püriergerät ist, desto gröber können die Zutaten vorgeschnitten werden.

Die Messer sollten immer schön scharf sein, denn dann lässt es sich leicht und ohne viel Kraftaufwand arbeiten. Natürlich ist beim Umgang mit richtig scharfen Messern umso mehr Achtsamkeit geboten. Ich selbst arbeite fast nur noch mit Keramikmessern. Meiner Erfahrung nach gehören die Messer der Marke Kyocera zu den besten.

Man findet in nahezu jedem Supermarkt gute sogenannte Spar- oder Spargelschäler, in Fachgeschäften auch sehr gute Keramiksparschäler. Ein Sparschäler ist sehr hilfreich, um z. B. unschöne Stellen an einem Gemüsestiel mit wenig Verlust zu entfernen. Ebenso verwende ich den Sparschäler natürlich, um z. B. Mangos zu schälen.

Das Entscheidende ist natürlich der Mixer, die Küchenmaschine. Davon gibt es zahlreiche auf dem Markt. Viele sind allerdings nicht sehr leistungsstark, was bedeutet, dass der Inhalt zu lange püriert werden muss und dadurch unter Umständen zu stark erwärmt wird. Je leistungsstärker ein Gerät ist, desto schneller püriert es die Zutaten und desto seidiger wird der Smoothie.

Aus eigener Erfahrung empfehlen ich sowie die Verleger Heidi und Markus Schirner jedem, der vorhat, längerfristig und regelmäßig Grüne Smoothies herzustellen und zu trinken, sich einen Vitamix anzuschaffen. Dieser Standmixer ist zugegebenermaßen nicht gerade preisgünstig, doch sein Geld absolut wert. Durch einen 2-PS-Motor püriert er auch feste Zutaten wie Schalen und Stiele schnell sehr fein, sodass der Smoothie nicht zu lange gerührt werden muss und die wertvollen Inhaltsstoffe nicht verloren gehen.

Erhältlich ist der Vitamix bspw. über schirner.com und taste-of-love.de.

Bevor Sie sich nun aber in große Unkosten stürzen, ist es in jedem Fall ratsam, erst einmal mit dem Gerät zu experimentieren, das Sie schon besitzen. Die meisten haben heutzutage zumindest einen Pürierstab oder einen Standmixer. Mit jedem kleinen Gerät können Sie zuerst einmal sehr gut ausprobieren. Das ist zwar etwas aufwendiger als mit einem professionellen Küchengerät und erzielt nicht ganz so optimale Ergebnisse, aber es geht am Anfang darum, Erfahrung zu sammeln und Smoothies kennenzulernen.

Wenn Sie also erst einmal mit einem schwachen oder kleinen Gerät arbeiten, sollten Sie die einzelnen Zutaten so klein wie möglich vorschneiden und jeweils mit etwas Flüssigkeit separat pürieren. Die einzelnen Portionen können Sie dann in einen großen Krug füllen und am Ende alles mit einem Rührlöffel vermengen. So können Sie verhindern, dass der Smoothie zu stark erhitzt wird. Kontrollieren Sie immer wieder die Temperatur an der Außenseite des Gefäßes, während Sie pürieren. Auf die Verwendung von Schalen z. B. von Zitronen oder Kiwis sollten Sie bei einem schwächeren Gerät besser verzichten, denn diese werden nicht wirklich gut zerkleinert und die Smoothies dadurch unangenehm zu trinken.

Ein kleiner Mixer, z. B. der Personal Blender, ist übrigens ein guter Tipp, wenn Sie auf

Reisen sind und nicht auf Ihren Smoothie verzichten wollen. Für den Mixbecher gibt es z. B. beim Personal Blender auch passende Schraubdeckel, sodass man ihn als »Smoothie to go« mitnehmen kann.

Wenn es Ihnen an dieser Stelle so vorkommt, als würde ich Werbung für den Vitamix und den Personal Blender machen, so kann ich das verstehen, doch ich bin einfach so begeistert und überzeugt von den beiden Geräten, dass ich das mitteilen muss. Mein Anliegen ist vor allem auch, dass Sie für Ihre künftigen Smoothies in jeder Hinsicht das beste Gerät zur Verfügung haben.

Ich bereite in der Regel Smoothies für 2 Tage vor und fülle 4 Portionen in 4 Gläser, auf denen schöne Affirmationen wie Liebe, Dankbarkeit oder ähnliche Begriffe stehen. Der Wasseranteil nimmt die Schwingung der Botschaften auf, und so wird der Smoothie gleich noch mit positiver Energie »programmiert«.
Ich habe entdeckt, dass die Plastikdeckelchen von vegetarischen Brotaufstrichen in Dosen wie maßgeschneidert auf die Gläser passen, die ich verwende. Man kann aber auch einfach Klarsichtfolie über das Glas spannen oder Schraubdeckelgläser verwenden.
Wichtig ist, dass die Smoothies, die nicht direkt getrunken werden, kühl und dunkel aufbewahrt

werden, am besten im Kühlschrank. Am kommenden Tag sollten sie jedoch langsam auf Raumtemperatur gebracht werden. Wem das zu lange dauert, der kann sie mit etwas warmem (nicht heißem!) Wasser verdünnen.

Rühren oder schütteln Sie den Smoothie kurz vor dem Trinken noch einmal gründlich, weil sich einzelne Bestandteile über Nacht absetzen.

Für mich persönlich ist es wichtig, dass unsere Smoothies stets in schönen, ansprechenden Gläsern oder Gefäßen serviert werden. Es ist meine Art der Wertschätzung für dieses kostbare grüne Gold und einfach eine Freude für das Auge.

Liebe und Dankbarkeit

Es ist mir ein sehr inniges Anliegen, dass wir die kostbaren Zutaten, die wir zu einem Smoothie verarbeiten, wirklich wertschätzen und achten.

Es sind Zutaten, die uns dieser wunderbare Planet schenkt und für deren Herstellung oftmals viele Menschen arbeiten mussten, damit wir sie schließlich kaufen konnten.

Je mehr ich die frischen Gemüsearten, das unterschiedlichste Gemüsegrün, die Blattsalate, Wild- und Gartenkräuter bewusst in den Händen halte und verwende, desto größer wird meine Faszination, ja geradezu mein Entzücken über diese Lebendigkeit, diese Kraft und vor allem die unglaubliche Schönheit all dieser Geschenke von Mutter Erde. Betrachten Sie einmal bewusst die Schönheit eines reifen Apfels, die vollendet feinen Blattstrukturen von buntem Mangold, die atemberaubende Harmonie und Schönheit mancher Tropenfrüchte. Ich weiß nicht, ob Sie dasselbe empfinden, mich erfüllt jedes Mal eine tiefe Freude und eine ebenso tiefe Ehrfurcht und Dankbarkeit. Und in mir wird jedes Mal eine enorme Kreativität freigesetzt.

Wenn Sie die Zutaten mit einem wachen, freudvollen Geist und offenem Herzen wahrnehmen und behandeln, geschieht etwas Wunderbares: Ihre Liebe und Ihre Wertschätzung werden Teil der Nahrung, des Smoothies. Segnen Sie jeden Smoothie, bevor Sie ihn trinken.

Vielleicht haben Sie von den Forschungen und Entdeckungen Masaru Emotos gehört. Er hat durch Wasserkristall-Fotografien sichtbar gemacht, wie Liebe, Wertschätzung, Gebete und viele andere Gedanken und Emotionen sich auf Wasser auswirken. Und genau das geschieht, wenn wir unsere Smoothies mit Bewusstheit, Freude und Dankbarkeit zubereiten – denn sie bestehen ja zum größten Teil aus Wasser.

Es gibt im Handel Gläser mit den Aufschriften Liebe, Dankbarkeit und ähnlichen schönen, harmonisierenden Wörtern in sehr guter Qualität. Die einfachste und ebenso wirksame Form ist es, einen Zettel mit dem gewünschten Begriff unter das Gefäß zu legen.

Jedem der Smoothies habe ich bewusst einen schönen Namen gegeben, vor allem aber eine positive Affirmation. Lesen oder sprechen Sie die Affirmation, bevor Sie Ihren Smoothie trinken. Entwickeln Sie Ihre eigenen wunderschönen Namen und Affirmationen der Wertschätzung, der Liebe, der Freude. Es macht unglaublichen Spaß. Erlauben Sie sich, spielerisch, etwas »verrückt« und fröhlich zu sein.

Allgemeines zu den Zutaten

Bei den Zutaten und ihrer Qualität sollten Sie absolut keine Kompromisse machen. Ich kann Ihnen nur eindringlich raten, wann immer möglich, biologisch einwandfrei angebaute Zutaten zu verwenden oder solche, deren Herkunft so gut wie nur möglich nachvollziehbar ist. Verwenden Sie nur Zutaten, die frei von Pestiziden und künstlichen Düngemitteln gewachsen und gereift sind. Auf Wochenmärkten sind viele Gemüse- und Obstsorten nicht bio-zertifiziert, dennoch können diese mindestens so gut wie ausgewiesenes Bio-Gemüse sein, jedenfalls bei Weitem besser als konventionell gezogenes Obst und Grün, das meistens mit Spritzmitteln belastet oder gar bestrahlt wurde und meistens sogar unreif geerntet wurde. Aber nicht jeder Bauer, der seine Ware auf einem Wochenmarkt anbietet, verzichtet auf Spritzmittel oder Düngemittel. Manche kaufen sogar Ware auf Großmärkten dazu. Fragen Sie also genau nach, und finden Sie die für Sie vertrauenswürdigsten Quellen.

Generell sollte man die örtlichen Bioläden unterstützen und wertschätzen, indem man überwiegend dort einkauft. Die Produkte sind etwas teurer als im Supermarkt, doch wenn man klare Prioritäten setzt, sollte der Einkauf dort für jeden möglich sein. Gerade das Grüne ist in der Regel erschwinglich. Und Karotten- oder Radieschengrün bekommt man sogar oft geschenkt, wenn man danach fragt. Regionale Waren sind immer solchen vorzuziehen, die einen langen Transportweg hinter sich haben. Je rascher das Geerntete bei Ihnen landet, desto vitaler und wertvoller ist es. Unschlagbar ist natürlich der eigene Garten, in dem Sie viele Ihrer Zutaten selbst anbauen. Auch in Blumentöpfen auf dem Balkon kann man hervorragend Grünkohl, Salat und eine Vielzahl von schmackhaften Kräutern ziehen.

Wenn Sie im Wald und auf der Wiese Kräuter wie Löwenzahn, Brennnesseln, Bärlauch, Brombeerblätter und Ähnliches sammeln, waschen Sie diese sehr gründlich, bevor Sie sie verwenden. Bei Bärlauch sollten Sie wachsam darauf achten, dass es auch wirklich Bärlauch ist, denn die Blätter ähneln denen des giftigen Maiglöckchens.

Sollten Sie einmal keine Biozutaten erhalten und auf konventionelles Grün oder Obst zurückgreifen müssen, waschen Sie alles sehr sorgfältig, und entfernen Sie besser die Schalen. Vor allem bei Zitrusfrüchten müssen die Schalen entfernt werden, wenn es sich nicht hundertprozentig verlässlich um unbehandelte Biofrüchte handelt.

Verwenden Sie möglichst gutes Wasser. Ich kann gar nicht oft genug sagen, wie wichtig das richtige Wasser für uns Menschen ist – natürlich auch für die Zubereitung der Smoothies. Bei der Wahl des Wassers sollten Sie auf bestmögliche Qualität achten. Quellwasser ist optimal. Ich selbst hole regelmäßig in großen Wasserbehältern Quellwasser von einer Quelle im Wald, die in unserer Region als sehr gut gilt. Das Wasser schmeckt köstlich, und der Ausflug in den Wald macht obendrein noch viel Freude. Schon Ende Januar konnte ich im Wald wilde Kresse für den nächsten Smoothie sammeln. Dieser war zart, äußerst schmackhaft und strotzte nur so vor Energie. Bewahren Sie auch Ihr Wasser in Gefäßen mit positiven Affirmationen wie Liebe, Dankbarkeit, Freude usw. auf. Ich bevorzuge grundsätzlich Glasgefäße zur Aufbewahrung des Wassers. Das Quellwasser fülle ich in eine große Glaskaraffe, die nahezu 10 Liter fasst und in deren Boden die Blume des Lebens eingraviert ist. Dieses Symbol übt eine sehr harmonisierende Schwingung auf das Wasser aus. Das Wasser, das sich durch einen kleinen Hahn bequem zapfen lässt, schmeckt wunderbar, und wir verwenden für alle Getränke, sei es Tee, pures Trinkwasser oder die Smoothie-Zubereitung nur dieses Wasser. Wenn wir Gäste haben, sind sie immer begeistert darüber, wie köstlich unser Wasser schmeckt. Selbst unsere Katze trinkt, wenn ich ihr dieses und Leitungswasser hinstelle, am liebsten das Quellwasser. Es ist erstaunlich und bemerkenswert, wie klar und selbstverständlich Tiere Qualitätsunterschiede wahrnehmen.

Es gibt mittlerweile hervorragende Literatur zum Thema Wasser. Machen Sie sich die Möglichkeit, Wasser mit positiven Informationen zu programmieren, zunutze und dadurch das Wasser zu einem sehr wertvollen und kraftvollen Bestandteil für Ihre Smoothies.

Im folgenden Teil stelle ich Ihnen kurz einige der Zutaten vor, die ich in den Grünen Smoothies verwende und sehr schätzen gelernt habe.

Ausführlichere Informationen zu verschiedensten Zutaten finden Sie in meinem Buch Rohköstliche Gourmet-Rezepte für Genießer.

Heutzutage ist es unerlässlich, dass jeder die volle Verantwortung für sich selbst und seine Ernährung übernimmt und nichts einfach blind glaubt. Jedem von uns ist mehr Information zugänglich als je zuvor. Man sollte sich stets auf dem aktuellsten Stand des Wissens und der neuesten Forschung halten. Erkenntnisse wandeln sich heutzutage so rasch, und was heute gilt, wird oftmals morgen schon widerlegt.

Die Exoten

Sehr gerne verwende ich tropische Früchte in meiner Küche. Vor allem auch aus Grünen Smoothies machen sie echte Highlights.

Es gibt mittlerweile in jedem Bio-Laden Früchte in sehr guter Qualität, und erfreulicherweise gibt es wirklich hervorragende Bezugsquellen im Internet (siehe auch Bezugsquellen). Einige Anbieter verschicken Tropenfrüchte in bester, naturbelassener Qualität, nicht pestizidbelastet und vollreif geerntet. Zu den Tropenfrüchten, die ich für die Smoothies verwende, gehören die Folgenden:

Mango
Sie ist heutzutage eine Kulturpflanze, die nicht nur in den Tropen, sondern auch in Europa (Spanien, Kanarische Inseln) angebaut wird. Eine reife Mango hat ein herrliches Aroma und ist im Smoothie eine köstliche und erlesene Bereicherung. Die Mango gilt als darmberuhigend und gut verdaulich, weil sie arm an Fruchtsäure ist. Sie enthält Vitamin A, Vitamin C, Vitamin B1, Kalium, Kalzium und Magnesium.

Ananas

Sie wächst in fast allen Tropenländern in großer Sortenvielfalt. Neben einem hervorragenden Geschmack besitzt die reife Ananas viele Vitamine, vor allem des B-Komplexes. Ihr Vitamin-C-Gehalt entspricht in etwa dem der Zitrone, zudem enthält sie Mineralstoffe wie Kalium, Magnesium, Kupfer, Zink, Eisen u. a. Und das ist nicht alles, denn darüber hinaus enthält die Ananas das Enzym Bromelain. Dieses wird in der Therapie unter anderem erfolgreich als Verdauungshilfe und entzündungshemmendes Mittel eingesetzt. Laut neueren Forschungen zeigt es wundheilende und antimetastatische Wirkungen.

Wilde Bananen

Diese Bananen muss ich unbedingt erwähnen, weil ich sie einfach genial finde und unbedingt hervorheben möchte. Die Inhaltsstoffe sind dieselben wie die gewöhnlicher Bananen. Das Besondere an der Wilden Banane ist ihr unvergleichliches Aroma bzw. die Aromavielfalt, weil es unzählige Sorten gibt. Oft findet man im Handel Apfelbananen. Diese Sorte ist eher fruchtig und gleichzeitig sehr aromatisch, nicht so ausgeprägt süß wie die gewöhnlichen Bananen. Bei Online-Anbietern für Tropenfrüchte aus Wildsammlung gibt es wirklich fantastische weitere Bananensorten.

Weitere Tropenfrüchte, die ich von Zeit zu Zeit sehr gerne in meinen Smoothies verwende, sind:

Passionsfrucht (Maracuja), Papaya, Dattel, Guave, Granatapfel, Kokoswasser, Kakifrucht, Pithaya

Da der Umfang dieses Buches es leider nicht zulässt, auf alle Zutaten, die ich in meinen Smooties verwende, detailliert einzugehen, habe ich mich auf einige, die ich besonders schätze, beschränkt.

Die Grünen Zutaten

Kopfsalate/Blattsalate

Salate gibt es in bunten Varietäten, die Farbe ist dabei ein Sortencharakteristikum. Kopfsalat enthält vor allem in den Stängeln einen weißen Milchsaft mit dem Inhaltsstoff Lactucin, der leicht bitter schmeckt und eine positive Wirkung auf die Gesundheit hat. Blattsalate enthalten die Mineralstoffe Kalzium, Kalium, Phosphor und Eisen, eine Reihe wichtiger Spurenelemente sowie die Vitamine B 1, B 2, B 6 und C sowie das Provitamin A. Ein gewisser Gehalt an Zitronensäure bewirkt den frischen Geschmack. Die etwas derberen und dunkleren Außenblätter des Salates sind besonders vitaminreich.

Grünkohl

Er wird in manchen Gegenden auch Federkohl genannt. Der Grünkohl ist der Wildform des Kohls am ähnlichsten. Er gehört zu meinen absoluten Lieblingszutaten. Erst in den letzen Jahren habe ich ihn so richtig entdeckt und lieben gelernt. In meiner Küche findet er vielseitige Anwendung und hat ebenso seinen festen Platz in meinen Grünen Smoothies. Deshalb gebe ich dem Grünkohl an dieser Stelle viel Raum.

Er ist reich an den Vitaminen A und C: 100 g Grünkohl decken schon den Tagesbedarf an Vitamin C, zudem enthalten sie knapp 190 µg Folsäure. Alle Vitamine der B-Gruppe mit Ausnahme von B 12 sind in ihm vorhanden. An Mineralstoffen findet man Eisen, Kalium, Phosphor und insbesondere reichlich Kalzium, etwa doppelt so viel wie in Milch! Zirka 280 g Grünkohl reichen aus, um den Tagesbedarf eines Erwachsenen zu decken, ein Grund dafür, dass er von Milchallergikern und Vegetariern sehr geschätzt wird. Wenige Gemüse enthalten so viel Vitamin E, das gegen freie Radikale wirkt und somit den Alterungsprozess verlangsamt.

Grünkohl hilft bei Verstopfungen und entgiftet den Darm. Er kräftigt alle Schleimhäute im Körper und senkt den Fett- und Cholesterinspiegel im Blut. Er ist von allen Kohlarten der Spitzenreiter beim Eiweißgehalt.

Da Grünkohl jedoch in großen Mengen verzehrt die Schilddrüsenfunktion senken kann, sollte man ihn nur in moderaten Mengen essen und immer wieder mit anderem Grün und Salaten abwechselnd verwenden.

Obwohl Grünkohl bei uns als ausgesprochenes Wintergemüse gilt, kann man ihn definitiv schon im Sommer wunderbar blätterweise ernten. Gerade dann sind die Blätter besonders zart und aromatisch.

Toskanischer Schwarzkohl

Dieser Verwandte des Grünkohls ist hier in Deutschland bisher eher schwer zu finden, wird neuerdings aber bekannter und sicher noch an Popularität zunehmen. Er ist wunderschön lanzenförmig und köstlich. Die Blätter, die glatt oder auch gekräuselt sein können, sind in der Struktur weicher als beim Grünkohl, während das Aroma mitunter sogar intensiver als das des Grünkohls ist. Bei zu langer Lagerung kann er bitter werden. Er ist eine Art Zwischenstufe zwischen Grünkohl und Wirsing und von den Inhaltsstoffen diesen ähnlich.

Andere grüne Zutaten, die ich empfehlen kann

Rucolasalat (weil er eher zu den Kräutern zählt, sparsam verwenden), Feldsalat, Kohlrabiblätter, Rote-Bete-Grün, Radieschengrün, Postelein, Pak Choi, Mangold, Kohl, Wirsing, Bleichsellerie, sämtliche bei uns bekannten Salatsorten (auch die rotgefärbten), asiatische Mischsalate, Babysalate, Spinat, junge Weinblätter (bieten im Frühling eine gute Abwechslung, achten Sie aber darauf, dass sie ungespritzt sind)

Kräuter, Wildkräuter, Blätter
(sollten nur in kleinen Men-
gen beigegeben werden)
Löwenzahn, Brennnessel,
Bärlauch, Brunnenkresse, Koriander, Petersilie, Zitronenmelis-
se, Minzsorten, Basilikumsorten, Dill, Brombeerblätter, junge
Birkenblätter, Blätter von Rotem Klee, Blätter der Kapuziner-
kresse, Spitzwegerich, Schafgarbe, Giersch (wundervoll für
Smoothies), Franzosenkraut
Es gibt zahlreiche gute Literatur zum Thema Wald- und
Wiesenkräuter. Sie werden staunen, welche Vielfalt uns die
meiste Zeit des Jahres über zur Verfügung steht.
Achten Sie beim Sammeln in der freien Natur darauf, dass
Sie keine Kräuter und Blätter pflücken, die direkt an einer
Straße oder einem Weg wachsen, auf dem viele Hunde Gassi
geführt werden.

Wechseln Sie am besten täglich die Sorten der grünen Zutaten ab, und gehen Sie sparsam mit allen Kräutergewächsen
um, damit Ihr Körper sie gut verarbeiten kann. Je größer die
Abwechslung, desto mehr wird Ihr Körper profitieren. Gehen
Sie achtsam mit der Natur um, und nehmen Sie von den
Pflanzen nur einzelne Blätter, sodass die Pflanzen nachwach-
sen können. Nehmen Sie nur so viel, wie Sie wirklich benöti-
gen. Bedanken Sie sich dafür bei der Pflanze, und segnen Sie
sie zum Dank.

Obstsorten

Apfel

Äpfel sind bei mir ein Bestandteil sehr vieler Smoothies. Verwenden Sie, wenn möglich, heimische, reif geerntete Bioäpfel. Diese Früchte werden aufgrund ihres Vitamin- und Mineralstoffgehaltes hochgeschätzt. Eine besonders gesundheitsfördernde Eigenschaft wird dem Apfel aufgrund seines Pektingehaltes zugeschrieben. Mehrere Studien kamen zu dem Schluss, dass der regelmäßige Verzehr von Äpfeln das Risiko, an Herz- und Gefäßerkrankungen, Asthma und Lungenfunktionsstörungen, Diabetes mellitus und Krebs zu erkranken, reduzieren kann.

Banane

Bananen sind ebenso wie Äpfel eine Basiszutat in meinen Grünen Smoothies. Bananen haben einen relativ hohen Gehalt an Biotin, Mineralstoffen und Spurenelementen. Vor allem Kalium, Magnesium, Phosphor, Eisen, Mangan und Kupfer sind in der Banane enthalten.
Bananen entwickeln ihre hervorragenden Wirkstoffe optimal, wenn sie vollreif sind, wenn sich auf der gelben Schale also bereits braune Flecken bilden.

Bananen habe ich immer vorrätig. Für den Fall, dass mir die frischen ausgehen, habe ich immer zahlreiche Bananen eingefroren. Diese kann man leicht brechen und direkt in den Mixer geben.

Blaubeere

Diese Beeren gibt es sowohl in heimischen Wäldern als auch als Kulturheidelbeere. Ich selbst habe im Garten vier Heidelbeerbüsche, die mich jedes Jahr mit einer reichen Ernte beglücken – vorausgesetzt, ich bin schneller als die Vögel. Blaubeeren enthalten viel Anthocyan, das unter anderem antioxidativ wirkt. Außerdem kommt in den Früchten relativ viel natürliche Benzoesäure vor, die auch hemmend auf Bakterien und Hefepilze wirkt. Weitere Inhaltsstoffe sind vor allem Vitamin A und C sowie Eisen. Wenn man Blaubeeren im Grünen Smoothie in Kombination mit Banane verwendet, wird der Smoothie nicht nur äußerst schmackhaft, sondern erhält auch eine puddingartige Konsistenz. Man kann ihn dann wie ein Dessert mit dem Löffel essen.

Weitere Obstsorten, die für Smoothies geeignet sind:
Birne, Zitrone, Limette, Orange, Grapefruit, Mandarine, Pfirsich, Aprikose, Pflaume, Mirabelle, Feige, Brombeere, Himbeere, Erdbeere, Kirsche, Kiwi, Weintraube, Stachelbeere

Stark saure Früchte verwendet man besser getrennt von stark süßen Früchten. Allgemein sollten nicht zu viele Sorten vermischt werden. Äpfel und Bananen lassen sich allerdings sehr gut mit allen anderen Obstsorten mischen – sie sind gewissermaßen neutral.

Bei Melonen vertreten viele Rohkostexperten die Ansicht, dass man sie nur pur verwenden und auf keinen Fall mit anderen Obstsorten mischen sollte.

Weitere Zutaten

AFA-Algen

Ich selbst verwende gerne AFA-Algen in Grünen Smoothies. Sie gelten als »Powerfood« oder Nahrungsergänzung. Diese blaugrünen Wild- und Uralgen wachsen unter natürlichen Bedingungen im Klamathsee in Oregon. Aminosäuren, Vitamine, Mineralstoffe, Spurenelemente, Pigmente und aktive Enzyme entfalten ihre Wirkung in der Kombination und tragen zum körperlichen Wohlbefinden bei. Die Süßwasseralgen sollen die Bildung von roten Blutkörperchen anregen und auch zu hohe Cholesterinwerte senken. Auch die Abwehrkräfte sollen die Algen hervorragend stärken. Achten Sie beim Kauf von Algen besonders auf die Qualität: Sie sollten streng auf Rückstände geprüft und optimalerweise bei unter 40° C getrocknet worden sein.

Beeren

Unter den Smoothie lassen sich auch sehr gut
Gojibeeren mischen, Cranberrys oder Aroniabeeren.

Aloe Vera

Sie verwende ich vorzugsweise frisch. Dafür entferne ich die
Schale gründlich. Mit dem Gel an der Innenseite der Schale
reibe ich mir bei der Gelegenheit immer die Arme ein. Das tut
richtig gut. Aloe-Vera-Blätter in sauberer Bioqualität
erhält man in Bioläden, Reformhäusern oder
über das Internet. Die Aloe Vera gilt unter anderem als sehr wohltuend für den Magen.

Ingwer

Ingwer ist eine meiner Lieblingszutaten für Grüne Smoothies.
Er ist aus meiner Küche nicht wegzudenken, weil ich sein
Aroma und seine Wirkung liebe. Schon seit Jahrtausenden
wird Ingwer als Gewürz und Heilmittel beispielsweise in der
Traditionellen Chinesischen Medizin geschätzt. Er ist reich an
Vitaminen, Mineralstoffen und ätherischen Ölen. Er hat eine
positive Wirkung auf den Verdauungstrakt, regt den Gallen-
fluss an, was wiederum die Fettverdauung ankurbelt, hilft
gegen Übelkeit und wirkt unter anderem entzündungshem-
mend und anregend. Sofern er Bioqualität hat,
verwende ich ihn im Grünen Smoothie stets
mit der Schale.

Fermentgetränke

In einigen meiner Rezepte verwende ich anstelle von Quellwasser Fermentgetränke. Es gibt sie von verschiedenen Herstellern, zwei meiner bevorzugten sind Dinkula und die Chi-Getränke.

Dinkula ist ein köstliches probiotisches Enzymgetränk aus Bio-Dinkelvollkornbrot und belebtem Bergquellwasser, angenehm mild-säuerlich im Geschmack. Es wird rein biologisch durch mehrwöchige Fermentation der natürlichen Rohstoffe herge-stellt und enthält viele für den Körper wichtige Vitalstoffe. Es gibt verschiedene Geschmacksrichtungen, ich verwende am liebsten Sanddorn-Birne.

Die Chi-Rohkost-Elixiere sind pur schon eine Köstlichkeit. Der mehrwöchige Vergärungsprozess lässt sich wertvolle leben-de Hefe- und Bakterienkulturen bilden, wobei Aktiv-Enzyme erhalten bleiben. Wenn ich meinem Smoothie zur Abwechs-lung einmal eine prickelnde Note verleihen möchte, ist dieses Getränk eine köstliche Option.

Gewürze

Zum Aromatisieren der Smoothies sind meine liebsten Gewür-ze Vanille, Zimt und gelegentlich auch einmal Cayennepfeffer. Diese Gewürze geben den Smoothies das gewisse Etwas.

Süße

Wenn man seine Smoothies etwas süßer mag, kann man entkernte Datteln hineinpürieren.

Ebenso geeignet ist kaltgeschleuderter Honig, am besten in Bioqualität. Damit sind sie natürlich nicht mehr vegan.

Manuka-Honig

Mein persönlicher Favorit beim Honig ist der Manuka-Honig aus Neuseeland. Er gewinnt inzwischen auch bei uns zunehmend an Bekanntheit und Wertschätzung, seit seine antibakterielle Wirkung wissenschaftlich nachgewiesen wurde. Für die Maori Neuseelands ist die Manukapflanze schon immer eine ganz besondere Heilpflanze gewesen. Das Besondere am Manuka-Honig ist, dass es das antibakterielle Methylglyoxal (MGO) enthält. Dieses ist jedoch nicht im Nektar der Manuka-Pflanze selbst enthalten, sondern entsteht erst bei der Umwandlung zu Honig. Je höher der auf dem Honig ausgewiesene MGO-Gehalt, desto wirksamer der Honig. Ab einer Konzentration von 100 mg/kg Honig gilt er als signifikant antibakteriell. Er ist also ein ganz natürliches Antibiotikum.

Bezugsquellen und Empfehlungen

Qualitätsgeräte zur Herstellung von Smoothies und Lebensmittel in Bio- und/oder Rohkostqualität:

- keimling.de
- lifefood24.de
- puravita.de

Frische Tropenfrüchte in exzellenter Qualität:

- tropenkost.de
- orkos.com
- passion4fruit.com

Literatur- und Filmtipps:

Bücher:

- Victoria Boutenko: Grüne Smoothies. Lecker, gesund & schnell zubereitet. Emmendingen: Nietsch, 2010
- Masaru Emoto: Die Botschaft des Wassers. Burgrain: Koha, 2002
- Masaru Emoto: Die Antwort des Wassers. Burgrain: Koha, 2003

Film:

- Water – Die geheime Macht des Wassers. DVD, Polyband & Toppic Video/WVG, 2010

Mehr Informationen zum Thema Grüne Smoothies:

- taste-of-love.de
- grünesmoothies.de

Events:

❖ Spirit & Food auf dem Rainbow Spirit Festival

Auf dem jährlichen Rainbow Spirit Festival, das immer an Pfingsten stattfindet, finden Sie unter anderem zahlreiche Anbieter und Experten zum Thema Rohkost und Smoothies und ein interessantes Angebotsspektrum rund um das Thema gesunde, ganzheitliche Ernährungsformen, besonders auch aus spiritueller, ganzheitlicher Sicht.
rainbow-spirit-festival.de

❖ Rohvolution

Die Rohvolution ist eine Messe, die sich speziell dem Thema Rohkost widmet und ein breites und qualifiziertes Spektrum an Ausstellern und Rednern zu diesem Thema vorzuweisen hat.
rohvolution.de

Mehr Informationen, Rezepte und Tipps finden Sie auf meiner Website:

taste-of-love.de

Dort finden Sie auch die aktuellen Termine von Events, Kursen und Seminaren rund um das Thema Rohkost, die Zubereitung köstlich gesunder Speisen und anderes.
Wer gerne regelmäßig Informationen erhalten möchte, ist herzlich eingeladen, sich für den kostenlosen Newsletter einzutragen.

Zubereitung

Nachdem ich Ihnen nun einige Informationen zu den Zutaten gegeben habe, geht es jetzt an die konkrete Zubereitung der Smoothies.

Ich habe mich bewusst dafür entschieden, Ihnen nicht unzählige Rezepte aufzulisten, die Sie dann einfach nur nachmixen.
Vielmehr möchte ich Sie befähigen und ermutigen, so rasch wie möglich Ihre eigenen Smoothies zu kreieren. Das macht am allermeisten Spaß! Deshalb noch einige grundsätzliche Worte vorab:

Lauschen Sie auf Ihre innere Stimme, und trauen Sie sich ruhig auch einmal, verwegen scheinende Kombinationen auszuprobieren. Trinken Sie nur Mischungen, die Sie auch wirklich gerne trinken, die Ihnen wohltun.
Die Grundzutaten sind die Basis, auf welcher Sie nach Lust und Laune, vor allem aber auch je nach Jahreszeit oder Verfügbarkeit der Zutaten, Ihre eigenen Lieblings-Smoothies entdecken und mixen können.
Je spontaner Sie etwas kreieren, desto überraschender fällt oftmals das Ergebnis aus und umso größer ist der Spaßfaktor. Und wenn ein Smoothie so richtig gut gelungen ist, dann schreiben Sie das Rezept unbedingt sofort auf.
Bei mir kristallisierten sich sehr schnell einige Lieblings-

Smoothies heraus. Diese sind zu meinen Standard-Smoothies geworden, weil sie genau die Kombinationen enthalten, die mir sehr gut schmecken. Zum Beispiel liebe ich leicht bittere Geschmäcke, die Herbheit von Grünkohl oder viel Ingwer und Limette.

Und genau darum geht es: Probieren Sie einige meiner Rezepte aus diesem Buch aus, vielleicht sogar alle – und dann entwickeln Sie unbedingt Ihre ganz eigenen Lieblings-Rezepturen. Solche, die für Ihren Gaumen perfekt passen und auf die Sie sich jeden Tag aufs Neue freuen.

Wenn Sie die richtigen Kombinationen für sich entdeckt haben, dann klappt die Zubereitung auch wie von allein, leicht und selbstverständlich. Die Variation entsteht ganz natürlich durch die Jahreszeiten und die unterschiedlichen Zutaten, die gerade verfügbar sind.

Gewisse Zutaten werden Sie vermutlich vorrätig haben. Ich habe immer Ingwer, Zitronen, Limetten und Vanille im Haus, und wenn ich keine reifen frischen Bananen bekomme, kann ich immer auf gefrorene Bananen zurückgreifen.

Damit Sie die Smoothies wirklich regelmäßig trinken, ist es sehr wichtig, dass sich die Zubereitung einfach in Ihren Alltag integrieren lässt. Sie sollte so leicht und selbstverständlich sein, wie das Zubereiten eines guten Tees.

Ein Smoothie besteht, wie Sie in den folgenden Rezepten sehen werden, immer aus einem guten Anteil Grün, aus Obst oder Fruchtgemüse, Flüssigkeit, manchmal Gewürzen und nach Geschmack Honig oder Datteln.

Die Zusammensetzung sieht in der Regel wie folgt aus:

100–300 g Salat oder grüne Blätter
Wichtig: Wechseln Sie die Salat-, Grünblatt- oder
Kohlsorten regelmäßig ab, und verwenden Sie
nicht tagelang nur eine Sorte Grün im Smoothie.
Wenn Sie es nicht zu intensiv mögen, was das Aroma angeht,
entfernen Sie grundsätzlich die Stiele, und verwenden Sie nur
die Blätter. Bei den Kohlgewächsen macht das einen deutli-
chen Unterschied.

Je nach Geschmack ca. eine Handvoll Kräuter (nach Jahreszeit)
Mit Kräutern sollte man lieber sparsam umgehen – weniger
ist hier oft mehr.

Obst, z. B. 1–2 Äpfel, 1–2 Bananen
Mischen Sie nicht zu viele verschiedene Obstsorten auf einmal in den Smoothie. Bei Zitronen
und Limetten lasse ich auch gerne die Schale dran.
Doch sollten Sie, falls Zitrusfrüchte fast täglich Bestandteil
Ihres Smoothies sind, nicht immer die Schale mit verwenden.
Ein bis zwei Mal in der Woche ist das in Ordnung. Wer Bitteres
nicht besonders mag, sollte die Schale sowie die Kerne weglassen. Wenn Sie die Schale entfernen, lassen Sie möglichst
viel vom Weißen an der Frucht.

Fruchtgemüse, z. B. 2 Tomaten, 1 Gurke, 1 Paprika für pikante Smoothies
Ich selbst lasse bei den Gurken die Schale gerne dran, wer es sanfter im Aroma mag, kann sie schälen.
Wurzelgemüse gehört nicht in den Smoothie.

ca. 500 ml–1 l Wasser, Fermentgetränk oder auch frisch gepresster Saft
Was die Wasserqualität angeht, ist Quellwasser absolut zu bevorzugen. Wer möchte, kann auch den Saft von frisch gepressten Äpfeln oder beispielsweise Ananas als Flüssigkeitsgrundlage verwenden. Wichtig ist, dass der Saft schonend gepresst wurde.

Aroma, z. B. Vanille, Zimt, Chili, Kardamom

Süße, z. B. Manuka-Honig, den ich am allerliebsten verwende, normaler kaltgeschleuderter Honig, Datteln oder Stevia

Durch Gewürze kann man wunderbare Aromen in die Smoothies zaubern. Das ist vor allem für all diejenigen eine gute Unterstützung, die sich erst einmal an das Aroma von Grünen Smoothies gewöhnen müssen.

Vanille, eine wahre Göttin unter den Gewürzen, nimmt vielen Smoothies das Herbe und macht sie rund und lieblich. Sie gibt meiner Meinung nach Smoothies ein geniales Aroma. Zimt gibt einem Smoothie etwas Wärmendes, ebenso Kardamom. Mit Zimt sollte man zurückhaltend umgehen. Zu viel Zimt kann ein unangenehmes, bitteres Aroma hervorrufen. Chili wirkt sehr anregend und kurbelt den Stoffwechsel an. Das Gleiche gilt für Ingwer, er regt an und wärmt.

Zitrone schafft ein frisches, fruchtiges Aroma und regt ebenfalls den Fettstoffwechsel an.

Ich persönlich liebe die Kombination Ingwer, Zitrone/Limette und Manuka-Honig.

Mit diesen Grundlagen können Sie jederzeit Ihren ganz persönlichen Lieblings-Smoothie zaubern. Wenn Sie dann Ihr favorisiertes Rezept gefunden haben, würde ich mich sehr freuen, wenn Sie mir Ihr Rezept schicken würden. Gerne veröffentliche ich es dann auf meiner Website, damit sich viele andere daran erfreuen können.

Ein Trick, um zu verhindern, dass der Smoothie beim Pürieren zu stark erwärmt wird, weil härtere Bestandteile wie Stängel darin sind, ist, den Wasseranteil etwas geringer zu halten und stattdessen ein paar Eiswürfel während des Püriervorgangs dazuzugeben.

Ein wichtiger Punkt ist es, die Inhaltsstoffe immer abzuwechseln. Am besten verwenden Sie täglich anderes Grün, andere Kräuter, andere Obstvariationen. Kaufen Sie sich nicht 2 kg Spinat und bereiten dann tagelang nur Spinat-Smoothies zu. In moderaten Mengen verwendet, ist Spinat wunderbar. Doch da er Oxalsäure enthält, wären größere Mengen nicht günstig für den Körper.

Ich habe mich eines Tages gefragt, ob reiferes Grün vielleicht besser ist als junge Blätter. Nach einigen Recherchen kam ich zu dem Schluss, dass gerade die zarten, jungen Blätter hervorragend sind, sie sind reich an wertvollen Inhaltsstoffen und schmecken meistens äußerst aromatisch. Wenn man Ziegen oder andere Tiere beobachtet, kann man sehen, dass die zarten, jungen Blätter und Triebe immer die begehrtesten sind.

Der zeitliche Abstand zwischen einem Grünen Smoothie und einer anderen Mahlzeit sollte ungefähr 30 bis 45 Minuten betragen.

Wer gerne schon zum Frühstück einen Grünen Smoothie trinkt, sollte darauf achten, dass der nicht zu kalt ist. Empfehlenswert ist es, zuerst eine Tasse heißes Wasser zu trinken, um die Verdauung in Gang zu bringen.

Jedes der nachfolgenden Rezepte ergibt ca. 1,2–1,6 l fertigen Grünen Smoothie. Das reicht für zwei Personen für einen Tag.

Nun wünsche ich Ihnen viel Freude beim Experimentieren, Erleben und Genießen!

Grünes Leuchten
– ein köstlicher Basis-Smoothie
mit Grünkohl oder Spinat,
Vanille und Avocado

Zutaten

200 g frischer junger Spinat
oder 200 g Kopfsalat
oder 100–150 g Grünkohl

1 Vanilleschote (zur Herstellung von 1 l Vanillewasser)

1 großer, reifer Apfel (entstielt)

1 reife Avocado

nach Geschmack 1–2 TL
Manuka-Honig zum Süßen

eine großzügige Portion
Liebe und Freude

Zubereitung

Waschen Sie die Vanilleschote, und pürieren Sie sie komplett
mit Schale in 1 l Wasser fein.

Lösen Sie das Fleisch aus der Avocado, und pürieren Sie es
zusammen mit dem kompletten Apfel im Vanillewasser. Geben Sie den Spinat dazu, und pürieren Sie erneut. Wenn Sie
es etwas süßer mögen oder der Apfel säuerlicher ist, können
Sie mit Manuka-Honig süßen.

Info

Avocado und Spinat sind sehr sanft und seidig im Aroma.

Dieser Smoothie ist ein sehr guter Basis-Smoothie, den man mit Fantasie und Kreativität vielfältig variieren kann. Eine leckere und erfrischende Variation erhalten Sie, wenn Sie das Grüne Leuchten mit einer halben Limette samt Schale mixen.

Ich stehe fest und sicher auf der Erde. Grenzenlose Weite stellt mir unendliche Möglichkeiten zur Verfügung.

Seelenwärmer

mit Romanasalat und Pflaume

Zutaten

400 g Romanasalat
(oder ähnliche Blattsalate)

250 ml Holunder-Apfel-
Dinkula
oder 250 ml Wasser

2 reife mittelgroße Bananen

400 g große blaue Pflaumen

1 Zitrone ohne Schale

1 TL Zimt

nach Geschmack etwas
Honig oder 1 Dattel (entkernt)

eine großzügige Portion
Liebe und Freude

Zubereitung

Waschen und entkernen Sie die Pflaumen. Schälen Sie die
Zitrone, zerteilen Sie sie grob, und geben Sie sie zusammen
mit den Pflaumen und 1/4 l Holunder-Apfel-Dinkula oder Wasser in den Standmixer. Pürieren Sie alles gut. Geben Sie dann
die Bananen dazu, und pürieren Sie alles erneut.
Geben Sie schließlich den Salat hinzu, und pürieren Sie ihn
mit der Flüssigkeit fein. Mischen Sie am Schluss den Zimt und
nach Geschmack den Honig oder eine Dattel zum Süßen bei,
und vermixen Sie alles noch einmal kurz.

Info

Der Seelenwärmer ist ein superleckerer, fruchtiger Smoothie mit einem Hauch von Zimt, der ihm eine wärmende Note verleiht.

Dieser Smoothie ist aufgrund seines hohen Pflaumenanteils nicht grün, sondern geht eher ins Rötliche.

Ich bin liebevoll und gütig
mir selbst und anderen gegenüber.

Glücks-Pfläumling
mit Spinat, Kopfsalat, Pflaume und Vanille

Zutaten

150 g frischer Spinat

150 g Kopfsalat

1 l Wasser

8–10 blaue oder rote Pflaumen

2 Äpfel

2 Bananen, gut gereift

1 kleine Prise Meersalz

2 Tropfen Vanille-Essenz oder 1 TL Vanillepulver

eine großzügige Portion Liebe und Freude

Zubereitung

Waschen Sie die Pflaumen und die Äpfel. Entkernen Sie die Pflaumen, und entstielen Sie die Äpfel. Pürieren Sie beides mit den geschälten Bananen und dem Wasser im Standmixer fein.

Waschen Sie die Spinat- und Salatblätter gründlich, fügen Sie sie der Flüssigkeit hinzu, und pürieren Sie alles erneut. Geben Sie die restlichen Zutaten dazu, und mixen Sie das Ganze noch einmal kurz zu einem seidigen Smoothie. Schmecken Sie ihn mit Liebe und Freude ab.

Info

Dieser Smoothie ist echt leckerschmecker, die Kombination der Zutaten mit dem Vanillearoma schmeckt einfach genial. Bio-Vanilleessenz ist bei uns leider noch nicht so leicht zu finden. Mit Vanillepulver funktioniert es auch, und das ist in jedem Bioladen erhältlich.

Am besten verwendet man natürlich frische Vanille, die man mit dem Wasser püriert.

Probieren Sie dieses Rezept einmal mit Aprikosen, Nektarinen oder Pfirsichen statt Pflaumen.

Ich schenke der Welt mein Lächeln, weil ich so glücklich und gesegnet bin.

Sanfte Grüne Göttin
mit Spinat, Avocado und Apfel

Zutaten

300 g frischer Spinat

1 l Wasser

1 Zitrone oder Limette

2 Äpfel

1–2 reife Avocados

1 kleine Prise Meersalz

4 TL Manuka-Honig
(oder anderer Honig)

eine großzügige Portion
Liebe und Freude

Zubereitung

Waschen Sie die Zitrone oder Limette gründlich, und schneiden Sie sie mit Schale und Kernen in grobe Stücke. Pürieren
Sie sie mit dem Wasser fein.

Waschen Sie die Äpfel, entfernen Sie die Stiele, zerschneiden
Sie die Früchte grob, und pürieren Sie sie mit. Waschen Sie die
Spinatblätter gut, und pürieren Sie sie mit der Flüssigkeit fein.
Schälen Sie die Avocados, entkernen Sie sie, und pürieren Sie
sie in der Flüssigkeit kurz cremig.

Mixen Sie kurz das Salz und den Honig unter.

Info

Diesen Smoothie habe ich spontan die Grüne Göttin genannt, denn er ist samtweich und schmeckt einfach göttlich.

Achten Sie darauf, dass die Avocados den perfekten Reifegrad haben, also das Innere makellos grün und cremig weich ist.

Ich achte das Weibliche in mir und halte es stets in Balance mit dem Männlichen. So lebe ich glücklich in innerer und äußerer Harmonie.

Passion for Smoothie
– die pure tropische Leidenschaft!
mit Postelein, Orange,
Passionsfrucht und Mango

Zutaten

100 g Posteleinsalat

750 ml Wasser

1 kleine Orange (geschält)

1 reife Mango
(entkernt und geschält)

2 Passionsfrüchte (Maracuja)

4 reife wilde Bananen
oder 2 normale Bananen

eine großzügige Portion
Liebe und Freude

Zubereitung

Pürieren Sie das Fleisch der Orange und der Mango kurz im Wasser. Waschen Sie die Passionsfrüchte, halbieren Sie sie, und kratzen Sie sie mit einem Löffel gründlich aus. Geben Sie das Fruchtfleisch in den Mixer, und pürieren Sie es sehr gut mit dem Rest, sodass die Kerne der Passionsfrüchte möglichst fein zerkleinert werden. Pürieren Sie nun den Salat und die Bananen in der Flüssigkeit, und schmecken Sie den Smoothie mit reichlich Liebe und Freude ab.

Info

Dieser Smoothie ist absolut köstlich und ein echter Luxus, denn er wird mit wirklich exotischen Früchten zubereitet. Nach seinem Genuss scheint garantiert in jedem Herzen die Sonne!

Probieren Sie anstelle der Mango auch einmal Papaya (schälen und die schwarzen Kerne entfernen).

Leidenschaftlich, genussvoll und gleichzeitig voller Achtsamkeit lebe ich mein Leben.

Lachender Buddha
mit Feldsalat, Feige und Banane

Zutaten

200 g Feldsalat

1 Avocado
(z. B. die Sorte Fuerte)

1 Zitrone

2 reife Bananen

3 große reife Feigen

2 EL Manuka-Honig
(oder anderer Honig)

400 ml Chi-Kräutergetränk
(oder ein vergleichbares
prickelndes Fermentgetränk)

500 ml Wasser

eine großzügige Portion
Liebe und Freude

Zubereitung

Pürieren Sie die gewaschene und zerkleinerte Zitrone im
Chi-Kräutergetränk. Geben Sie die geschälten Bananen und
die ganzen gewaschenen Feigen dazu, und pürieren Sie alles
erneut.

Füllen Sie die Mischung mit dem Wasser auf. Waschen Sie
den Feldsalat sehr gründlich, und geben Sie ihn dazu. Pürieren Sie das Ganze fein. Geben Sie nun das Avocadofleisch
und den Honig dazu, und pürieren Sie alles zu einer cremi-
gen Flüssigkeit.

Info

Dieser Smoothie ist köstlich im Geschmack, aber auch sehr gehaltvoll und ideal als Frühstücks-Smoothie für einen energievollen Start in den Tag, der voller Lachen sein möge.

Wenn Sie sie erhalten, verwenden Sie die kleinen wilden Bananen.

Lachend und voller Glück schreite ich durch das Leben und schließe alle Wesen darin ein.

Leuchten aus der Stille

mit Mischsalat und Erdbeere

Zutaten

200–250 g Mischsalat,
z. B. Asiatische Salatmischung

250 g Erdbeeren

1 kleine Prise Vanillepulver
oder 1–2 Tropfen
Vanilleessenz

500 ml Wasser

1 TL Zitronensaft

eine Messerspitze frisch
gemahlener schwarzer
Pfeffer nach Geschmack

1–2 TL Manuka-Honig

eine großzügige Portion
Liebe und Freude

Variation:

2 TL Okinawa-Omega-Öl
(z. B. Happy Delight von Amanprana)

Zubereitung

Pürieren Sie die gewaschenen Erdbeeren (Sie können auch
das Grüne dranlassen) mit dem Wasser. Geben Sie die
restlichen Zutaten dazu, und pürieren Sie alles mit Liebe und
Freude zu einem glatten Smoothie.

Info

Erbeeren stehen in der Pflanzensymbolik für Demut und Bescheidenheit.

Schwarzer Pfeffer und Erdbeeren passen wunderbar zusammen. Probieren Sie es ruhig einmal aus!

Diesen Smoothie kann man auch, sollte man keine frischen Erdbeeren bekommen, gut mit gefrorenen Bioerdbeeren zubereiten.

Ich strahle aus der Tiefe und Stille meiner Seele heraus, völlig entspannt und voll überfließender Liebe – mit allem verbunden.

Wachmacher-Smoothie
mit Kohlrabiblatt, Petersilie und Apfel

Zutaten

4–6 Kohlrabiblätter

1 großer Bund
großblättrige Petersilie

2 Äpfel, mittelgroß

1 Zitrone mit Schale

2 TL Manuka-Honig

500 ml Sanddorn-Birne-
Dinkula oder 500 ml Wasser

eine großzügige Portion
Liebe und Freude

Zubereitung

Befreien Sie die gewaschenen Äpfel vom Stiel, und schneiden Sie die Früchte in grobe Stücke. Waschen Sie die Zitrone gründlich, und schneiden Sie sie mit Schale in große Würfel. Pürieren Sie das Obst mit dem Dinkula oder dem Wasser gut im Standmixer.

Waschen Sie die Kohlrabiblätter mitsamt den Stängeln gründlich, ebenso die Petersilie, und fügen Sie sie portionsweise der Mischung hinzu. Pürieren Sie alles fein.

Geben Sie am Schluss den Manuka-Honig, die Liebe und die Freude dazu, und mixen Sie alles noch einmal kurz auf.

Info

Der Wachmacher-Smoothie schmeckt trotz des großen Petersilie-Anteils sehr gefällig. Petersilie ist recht eigen und eher herb im Aroma, wenn man sie in größeren Mengen isst. Ich nenne diesen Smoothie Wachmacher, weil er mit seinem hohen Vitamin-C-gehalt wirklich fit hält.

Dieser Smoothie zählt, ähnlich wie die mit Radieschenblättern, zu denen, die ich oftmals spontan zubereite, wenn ich Kohlrabi gekauft habe und das schöne Blattwerk sich natürlich dafür anbietet und somit eine erfreuliche Abwechslung auf dem Smoothie-Speiseplan bereitet.

Die Blätter des Kohlrabi sind im Aroma dem Geschmack der Knolle recht ähnlich, erinnern jedoch noch deutlicher an Kohl.

Ich gehe wach und bewusst durch das Leben.

Aphrodites Liebling
mit Kohlrabiblatt, Granatapfel und Orange

Zutaten

ca. 100 g Kohlrabiblätter
(nach Geschmack mit
oder ohne Stiele)
oder 100 g Rote-Bete-Blätter
(nach Geschmack mit
oder ohne Stiele)

750 ml Wasser

1 große Orange
(möglichst dünn geschält)

1 großer/2 kleine Granatäpfel
(ca. 200 g Granatapfelkerne)

1/2 Limette mit Schale

1–2 Medjool-Datteln
(entkernt)

kleine Prise Meersalz

eine großzügige Portion
Liebe und Freude

Zubereitung

Pürieren Sie die geschälte Orange und die grob zerteilte
halbe Limette mit dem Wasser fein. Fügen Sie die Medjool-
Datteln hinzu sowie das Salz. Lösen Sie die Granatapfelkerne
aus der Frucht, und pürieren Sie sie sehr gründlich mit der
Flüssigkeit. Geben Sie am Schluss die Kohlrabiblätter mit in
den Standmixer, und pürieren Sie alles noch einmal gut.

Info

Granatäpfel gelten als sehr sinnliche Früchte, eine Gabe des
Paradieses, und wurden deshalb auch schon vor langer Zeit
den Göttinnen Demeter oder Aphrodite geweiht. Doch davon
abgesehen gelten sie als hochwirksame Heilfrüchte und
wirken dem frühzeitigen Altern entgegen.
Kohlrabi- oder Rote-Bete-Grün wird normalerweise wegge-
worfen, bestenfalls für eine Gemüsesuppe ausgekocht. Wer
diesen Smoothie erst einmal probiert hat, wird die Blätter
aber nie wieder in den Komposteimer werfen.

Ich lebe in einem sinnlichen Körper, der
der Tempel meines Bewusstseins ist. Ich liebe,
ehre, genieße und achte meinen Körper.

Gute-Laune-Smoothie
mit Endivie, Birne, Sanddorn und Orange

Zutaten

150 g Endiviensalat

1 große reife Birne

1 Orange
(möglichst dünn geschält)

500 ml Sanddorn-Birne-
Dinkula oder
500 ml Wasser

3 EL Sanddornpüree

nach Geschmack Honig

eine großzügige Portion
Liebe und Freude

Zubereitung

Pürieren Sie die Birne und
die Orange mit dem Dinkula
oder dem Wasser. Geben Sie
den Endiviensalat dazu, und
pürieren Sie alles erneut.
Schmecken Sie den Smoothie
mit Honig, Liebe und Freude
ab.

Die im Endiviensalat enthaltenen Bitterstoffe tun dem Körper gut und werden in der Kombination mit Birne, Orange und Sanddorn wunderbar abgemildert.

Ein sehr erfrischendes und ausgesprochen köstliches Getränk.

Das Wichtigste in meinem Leben ist, dass ich glücklich bin, es mir gut geht und ich anderen Menschen damit ein Vorbild sein kann.

Dankbarkeits-Smoothie
mit Grünkohl, Banane und Manuka-Honig

Zutaten

150 g frischer Grünkohl oder Schwarzkohl

500 ml Wasser

2–3 reife Bananen (können auch tiefgefroren sein)

1 Apfel (entstielt)

1 Zitrone

eine großzügige Portion Liebe und Freude

Variation:

2–3 TL Manuka-Honig

2 TL Okinawa-Omega-Öl (z. B. Detox von Amanprana)

Zubereitung

Waschen und vierteln Sie den Apfel, waschen und achteln Sie die Zitrone, und pürieren Sie beide mit dem Wasser fein. Waschen Sie den Kohl gründlich, entfernen Sie die Stängel (bei Grünkohl können die Stängel auch gut mitverwendet werden, dann ist das Kohlaroma jedoch viel intensiver), und pürieren Sie ihn fein mit der Flüssigkeit im Standmixer. Fügen Sie die geschälten Bananen hinzu, und pürieren Sie das Ganze erneut.

Für die Variationen geben Sie den Honig und/oder das Öl dazu und pürieren alles zu einem seidigen Smoothie.

Info

Da ich Grünkohl oder auch den verwandten Schwarzkohl sehr liebe, gehört dieser Smoothie zu meinen absoluten Favoriten. Ich bereite ihn immer mit Manuka-Honig und dem Detox-Öl zu. Er schmeckt köstlich und ist sehr gehaltvoll. Eine echte Energiebombe!

Ich verneige mich dankbar vor dem Leben, vor dem Reichtum und der Schönheit, die uns die Natur so großzügig schenkt.

GrüKo, der Feuerdrache
mit Grünkohl, Fruchtgemüse und Chili

Zutaten

150 g frischer Grünkohl (ohne Stängel)

500 ml Wasser (kann je nach gewünschter Cremigkeit variiert werden)

1 Apfel

400 g Cherrytomaten

1/2 Salatgurke

1–2 Ramiro-Paprika (süße, äußerst aromatische Spitzpaprika)

nach Geschmack 1/2 Knoblauchzehe

1 kleine Chili

1–2 EL Olivenöl

nach Geschmack 1–2 TL Salz

1–2 EL Apfelessig

1 TL Honig

eine großzügige Portion Liebe und Freude

Zubereitung

Waschen Sie den Grünkohl gründlich, und pürieren Sie ihn mit dem Wasser im Standmixer fein. Waschen Sie die übrigen Zutaten, zerkleinern Sie sie grob, und mixen Sie alles mit dem flüssigen Grünkohl zu einem seidigen Smoothie. Rühren Sie die Gewürze dazu.

Info

Diesen Smoothie kann man auch gut wie eine Suppe mit dem Löffel aus Schalen essen.

Man kann die Wassermenge nach Bedarf variieren. Nimmt man weniger, hat man eine suppenähnliche Konsistenz. Für mich ist der Feuerdrache der perfekte Mittags-Smoothie, weil er schon fast so etwas wie ein Gemüsesüppchen ist – wenn's mal etwas Kräftiges sein soll. Er erinnert an die spanische Gazpacho. Durch sein herbes und feuriges Aroma ist er ein Wachmacher und bringt den Stoffwechsel in Schwung. Wer es nicht so scharf mag, sollte den Chili weglassen oder reduzieren.

Ich sprühe vor Energie und Lebendigkeit, genieße das Leben in vollen Zügen und teile es voller Freude mit anderen Wesen.

Rapunzel, Rapunzel ...
mit Feldsalat, Banane und Ananas

Zutaten

100–150 g Feldsalat

4–6 reife wilde Bananen oder 2–3 reife normale Bananen

1 gut gereifte Ananas (ca. 600 g)

4 TL Manuka-Honig

750 ml Wasser

1 Vanilleschote

eine großzügige Portion Liebe und Freude

Zubereitung

Pürieren Sie die gewaschene Vanilleschote mit dem Wasser fein. Geben Sie die geschälte, grob zerteilte Ananas hinein, und pürieren Sie sie. Lassen Sie, während der Mixer läuft, nacheinander die Bananen hineinfallen, und fügen Sie den Manuka-Honig hinzu. Geben Sie am Schluss den sehr gründlich gewaschenen Feldsalat dazu, und pürieren Sie alles fein. Mischen Sie zum Schluss die unverzichtbare Portion Liebe und Freude dazu.

Info

Der ist echt lecker! Als ich diesen Smoothie zum ersten Mal getrunken habe, ertappte ich mich, wie ich kichernd »Rapunzel, Rapunzel, lass dein Haar herunter!« vor mich hinsummte, weil man den Feldsalat volkstümlich auch Rapunzel nennt. Wenn Sie einen eigenen Garten haben, dann schauen Sie im Frühjahr einmal in den Beeten nach. Dort findet man oft wilden Feldsalat. Die Blätter sind schlanker und zarter als bei dem im Handel erhältlichen und schmecken herrlich aromatisch.

Ich bin mit allem verbunden – es gibt nur das All-Eins-Sein. Das Leben trägt mich, und in tiefer Dankbarkeit verneige ich mich vor ihm.

Gingerella, die Rassige
mit Grünkohl, Ingwer, Limette und Manuka-Honig

Zutaten

200 g Grünkohl (ohne Stiele)

1 Limette

2 Äpfel

1 Stück frischer Ingwer
(etwa daumengroß)

750 ml Wasser

4 TL Manuka-Honig

eine großzügige Portion
Liebe und Freude

Zubereitung

Pürieren Sie die zerkleinerte Limette mitsamt der Schale im Wasser fein. Waschen Sie den Ingwer gut, und pürieren Sie ihn mit Schale ebenfalls. Zerteilen Sie die Äpfel, und pürieren Sie sie und den Grünkohl mit. Süßen Sie den Smoothie mit dem Manuka-Honig, und runden Sie ihn mit Liebe und Freude ab.

Info

Dieser Smoothie schmeckt durch den Ingwer feurig. Wer es nicht so intensiv mag, sollte weniger Ingwer nehmen.
Der Grünkohl kann durch nahezu jede Sorte Blattgemüse ersetzt werden.
Zusätzlich kann man noch 2 Bananen hineinpürieren – eine köstliche Variante.

Leichtigkeit und Vertrauen sind die Grundlage, auf der ich bewusst in der Gegenwart lebe. Es gibt nur einen Augenblick: jetzt.

Piña Verde – der Frische

mit Ananas, Bataviasalat und Minze

Zutaten

300 g Bataviasalat
1 mittelgroße vollreife Ananas
1 EL frische Minzeblätter
500 ml Wasser

eine großzügige Portion
Liebe und Freude

Variation:
1–2 reife Bananen

Zubereitung

Schälen Sie die Ananas, und
schneiden Sie sie in grobe
Stücke. Pürieren Sie sie zuerst
mit dem Wasser und dann
mit allen anderen Zutaten zu
einem glatten Smoothie.

Anstelle von Wasser kann man auch wunderbar das Wasser einer jungen Thai-Kokosnuss verwenden. Dann wird daraus fast schon eine »Piña Colada Verde«. Anstelle der Minze passt dann Thai-Basilikum hervorragend.

> Alles in meinem Leben unterstützt und harmonisiert mich, sodass Gesundheit und Wohlbefinden auf allen Ebenen mein natürlicher Zustand sind.

Kräutergarten–Smoothie

– der zahme Wilde
mit Römersalat, Apfel
und Kräutern

Zutaten

200 g Römersalat
oder Lattugasalat

2 Äpfel

1 TL Zitronensaft

700 ml Wasser

eine Handvoll frische
Garten- oder Wildkräuter

(eine Sorte pro Smoothie:
Koriander, Basilikum, Dill,
Giersch, Bärlauch, Löwenzahn,
Vogelmiere, Brunnenkresse,
Brennnessel, Zitronenmelisse,
Fruchtsalbei usw.)

eine Extraportion Wertschätzung für die Kostbarkeiten, die
uns die Natur schenkt

Zubereitung

Zerkleinern Sie die gewaschenen Äpfel, und pürieren Sie sie
mit dem Wasser. Geben Sie den Römersalat und den Zitronensaft dazu, und pürieren Sie erneut. Waschen Sie die ge-
wählten Kräuter, streuen Sie sie in die Mischung, und pürieren
Sie das Ganze erneut kurz. Fügen Sie noch Liebe, Freude und
Wertschätzung hinzu.

Info

Wenn Sie intensive Kräuter wie den nach Knoblauch schme-
ckenden Bärlauch verwenden, probieren Sie anstelle der Äpfel einmal eine ganze Salatgurke. Pikant mit etwas Salz oder
Pfeffer abgeschmeckt, mundet dieser Smoothie sehr gut.
Auch ein kleiner Schuss Apfelessig passt hervorragend dazu.
Wenn Sie noch eine reife Avocado hinzufügen, entsteht ein
wunderbar sahniger Smoothie – besonders empfehlenswert
mit Bärlauch oder Dill.

Liebe durchdringt mein gesamtes Sein.
Sie strahlt aus der Mitte meines Wesens
wie eine kraftvolle Sonne, die mich und alle
Wesen um mich herum wärmt und nährt.

Kleiner Elfengarten
mit Lollo Bianco/Rosso
und Gemüsegrün

Zutaten

100–200 g Lollo Bianco
oder Lollo Rosso

Grün einer Karotte

oder Grün von Radieschen

oder Keimlinge aus dem
»Fensterbank-Garten« (z. B.
von Rettich oder Roter Bete)

1 reife Avocado

1 Apfel

1 Banane

500 ml Wasser

eine großzügige Portion
Liebe und Freude

Zubereitung

Pürieren Sie den Apfel und die Banane mit dem Wasser. Geben Sie den gewaschenen Salat dazu, und pürieren Sie alles zusammen. Ernten Sie »Reste« von Gemüsen, beispielsweise Karottengrün, Radieschengrün oder Sprossen, die Sie auf der Fensterbank ziehen, und mischen Sie alles unter. Pürieren Sie die Mischung. Geben Sie am Schluss das Avocadofleisch dazu, und pürieren Sie zusammen mit Liebe und Freude erneut.

Info

Es gibt eine einfache Möglichkeit, die Enden von beispielsweise Roter Bete zum Grünen zu bringen: Man schneidet
das Endstück, wo einmal die Blätter wuchsen, etwa einen
Zentimeter breit ab und stellt es in ein flaches Gefäß mit
Wasser. An einem hellen Platz fangen nach wenigen Tagen
neue, zarte Blätter an zu sprießen. Diese Gefäße auf meiner
Fensterbank nenne ich meinen kleinen »Elfengarten«.

Ich entscheide mich dafür, Gedanken der
Wertschätzung, der Freude und Zuversicht
zu denken. Ich richte mich bewusst positiv aus.
Ich weiß, dass Gleiches Gleiches anzieht.

Vanille–Göttin
mit Feldsalat oder Postelein, Vanille und Aprikose

Zutaten

200–250 g Feldsalat
oder Postelein

5–6 reife, weiche Aprikosen

1–4 TL Manuka-Honig

1 Vanilleschote

750 ml Wasser

nach Geschmack 2 TL
Okinawa-Omega-Öl
(z. B. Happy Delight
von Amanprana)

eine großzügige Portion
Liebe und Freude

Zubereitung

Pürieren Sie die gewaschene Vanilleschote mit dem Wasser
fein. Waschen, halbieren und entkernen Sie die Aprikosen,
und pürieren Sie alles zusammen. Süßen Sie die Mischung
mit dem Manuka-Honig. Wenn Sie wollen, mischen Sie noch
kurz das Happy-Delight-Öl unter.

Dieser Smoothie ist eine göttliche Köstlichkeit, die Vanille und die Aprikose harmonieren wunderbar miteinander und geben ihm ein ganz besonderes Aroma.

> Mein Herz öffnet sich voller Vertrauen für alles, was das Leben mir schenkt. Jeden Augenblick neu und voller Staunen erlebe ich das Mysterium meines Seins.

Wie im Himmel
mit Spinat, Blaubeere und Banane

Zutaten

150 g junger Blattspinat
oder andere zarte Blätter

200 g Blaubeeren

500 ml Wasser
oder Dinkula

4 kleine wilde Bananen
oder 2 große reife Bananen

Vanillepulver

eine großzügige Portion
Liebe und Freude

Zubereitung

Pürieren Sie den gewaschenen Spinat und die Blaubeeren
im Wasser oder Dinkula. Geben Sie die Bananen und das Vanillearoma dazu. Pürieren Sie alles mitsamt Liebe und Freude
erneut zu einer Creme.

Info

Dieser Smoothie schmeckt absolut genial.
Das Grundaroma ist sanft und die Konsistenz wunderbar
cremig. Nimmt man etwas weniger Wasser, kann man ihn wie
einen Pudding als Dessert servieren.

> Stille durchdringt mein Sein.
> Ich lausche in die Stille, halte
> inne, tiefer Frieden erfüllt mich.

Mariams Löwenherz
mit Aloe und Limette

Zutaten

200 g Kopfsalat

500 ml Wasser

1 Blatt frische Aloe Vera
(ohne Schale)

1 Limette (ohne Schale)

2–3 TL Manuka-Honig

eine großzügige Portion
Liebe und Freude

Zubereitung

Pürieren Sie die Limette mit
dem Wasser fein. Geben Sie
alle restlichen Zutaten dazu,
und pürieren Sie alles zu
einer seidigen Flüssigkeit.
Streuen Sie Liebe und Freude
verschwenderisch darüber.

Info

Dieser Smoothie ist bei uns der Renner. Er ist unglaublich leicht und schmeckt fruchtig.

Eine köstliche Variation ist, noch ca. 20 g geschälten Ingwer dazuzupürieren. Das verleiht dem Smoothie dann eine angenehm feurige Note.

> Weil ich sehr glücklich und zufrieden mit mir bin, kann ich auf der Grundlage dieser Freiheit auch im Überfluss glücklich und eins mit anderen Menschen sein.

Anandas Glücks-Smoothie
mit Birne, Kopfsalat, Sanddorn und Mandarine

Zutaten

250 g Kopfsalat

500 ml Sanddorn-Birne-
Dinkula Natur oder
500 ml Wasser

2 TL Manuka-Honig
oder 2 Medjool-Datteln
(entkernt)

1–2 reife Birnen
(z. B. Nashi-Birnen)

3 geschälte Mandarinen

eine großzügige Portion
Liebe, Glück und Freude

Zubereitung

Pürieren Sie alle Zutaten
im Standmixer fein. Süßen
Sie die Mischung mit dem
Manuka-Honig oder pürieren
Sie wahlweise die Datteln
hinein.

Info

Dieser Smoothie ist sehr frisch im Geschmack, ein echter Stimmungsaufheller.

Anstelle der Birne kann man auch gut 2 Nektarinen nehmen.

Ein Hauch Zimt passt sehr gut dazu.

... da scheint die Sonne im Herzen, auch an trüben Tagen!

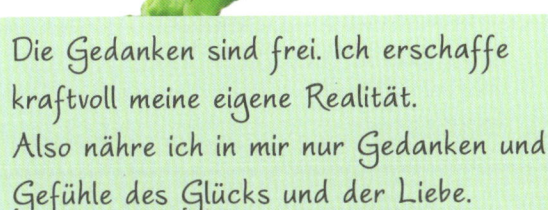

Die Gedanken sind frei. Ich erschaffe kraftvoll meine eigene Realität.
Also nähre ich in mir nur Gedanken und Gefühle des Glücks und der Liebe.

Green Bull
– verleiht Schwingen ...
mit Kopfsalat, Löwenzahn,
Ingwer und Limette

Zutaten

150 g Kopfsalat

eine Handvoll
Löwenzahnblätter

500 ml Dinkula Natur
oder 500 ml Wasser

nach Geschmack
12 AFA-Algen-Tabletten

1 Limette

1 daumengroßes Stück
Ingwer mit Schale

2 Äpfel

2–4 TL Manuka-Honig

1–2 reife Bananen

eine großzügige Portion
Liebe, Glück und Freude

Zubereitung

Pürieren Sie die Limette und die Äpfel mit der Flüssigkeit fein.
Geben Sie die AFA-Algen-Tabletten dazu, und pürieren Sie
diese ebenfalls fein.
Mischen Sie die gewaschenen Kopfsalat- und Löwenzahnblätter dazu, und pürieren Sie alles. Fügen Sie die restlichen
Zutaten, auch Liebe und Freude, hinzu, und pürieren Sie alles
gut.

Dieser Smoothie steht bei uns häufig auf der Speisekarte,
denn er ist kraftvoll, supergesund und obendrein schmackhaft. Die AFA-Alge gibt ihm eine fast blaugrüne Farbe und ist
eine wertvolle Bereicherung.

So fest, wie ich auf der Erde stehe, so
grenzenlos weit reiche ich ins Universum hinaus,
denn ich bin mit allem, was ist, verbunden.

Danksagung

Ich bedanke mich von Herzen bei meinem Mann Thomas Mariam, ohne dessen Engagement dieses Buch nicht so schnell zustande gekommen wäre.

Ich bedanke mich auch von Herzen bei Stephan, der mir fleißig bei Recherchen unter die Arme gegriffen hat.

Meine besondere Wertschätzung möchte ich Victoria Boutenko zum Ausdruck bringen. Durch sie sind die Grünen Smoothies bekannt und für viele Menschen zugänglich geworden.

Teresa-Maria Sura im Schirner Verlag

 Schirner Verlag

Rohköstliche Gourmet-Rezepte für Genießer
durchg. farbig ill., 256 Seiten
ISBN 978-3-8434-1011-3

**So schmeckt Rohkost!
Torten, Kuchen & Kekse**
durchg. farbig ill., 112 Seiten
ISBN 978-3-8434-5027-0

www.taste-of-love.de